漫畫

中華傳統美德

勇謀

閆飛 著　上尚印象 繪

新雅文化事業有限公司
www.sunya.com.hk

漫畫中華傳統美德
勇謀

作　　　者：閆飛
繪　　　圖：上尚印象
責任編輯：羅睿琪
美術設計：黃觀山
出　　　版：新雅文化事業有限公司
　　　　　　香港英皇道 499 號北角工業大廈 18 樓
　　　　　　電話：（852）2138 7998
　　　　　　傳真：（852）2597 4003
　　　　　　網址：http://www.sunya.com.hk
　　　　　　電郵：marketing@sunya.com.hk
發　　　行：香港聯合書刊物流有限公司
　　　　　　香港荃灣德士古道 220-248 號荃灣工業中心 16 樓
　　　　　　電話：（852）2150 2100
　　　　　　傳真：（852）2407 3062
　　　　　　電郵：info@suplogistics.com.hk
印　　　刷：中華商務彩色印刷有限公司
　　　　　　香港新界大埔汀麗路 36 號
版　　　次：二〇二一年十月初版

ISBN: 978-962-08-7869-5
© 2021 Sun Ya Publications (HK) Ltd.
18/F, North Point Industrial Building,
499 King's Road, Hong Kong
Published in Hong Kong, China
Printed in China

本書中文繁體字版權經由北方婦女兒童出版社，
授權香港新雅文化事業有限公司於香港及澳門地區
獨家出版發行。

前言

中國歷史上下五千年，國土縱橫數萬里，作為世界四大文明古國之一，歷代先人給我們留下了珍貴豐厚、博大精深的歷史文化遺產。

在中國悠久漫長的歷史長河中，雄偉壯觀、震驚世界的歷史古跡；浩如煙海、舉世無雙的文化典故；絢麗多彩、獨具特色的民族藝術；燦若星辰、光芒四射的文化名人……靜靜地訴説着自己的前世今生，書寫着興廢盛衰的滄桑過往，凝聚着歷代人民的心血智慧，展現着民族文化的生生不息。

《漫畫中華傳統美德》系列以傳播文化、啟迪心靈為原則，通過漫畫的形式，將發人深省的歷史故事、博大精深的中華文化，融入絢麗多彩的畫面中，務求圖文並茂，寓教於樂，讓小讀者在輕鬆閱讀的同時，感受中華文化的魅力和民族智慧的力量。

現在，就讓《漫畫中華傳統美德》帶你開始這段奇妙的文化之旅吧！

目錄

勇謀簡介

　　中華上下五千年的歷史源遠流長，歷史典籍中有勇有謀的英雄人物多不勝數。他們有的懂得隱忍，能屈能伸，例如勾踐、韓信；有的洞察力強，識破陰謀，例如屈原、李靖；有的善於用兵，威震四方，例如廉頗、岳飛；有的鐵血丹心，膽識過人，例如文天祥、鄧世昌。他們的英勇事跡，為人類歷史留下了深遠的影響。

　　自古英雄重氣節。在國家興亡、民族大義面前，中華民族的英雄會運用過人智慧，不惜一切代價來維護崇高信念。

　　唯有捨小我、顧大我、棄小利、取大義的人，才值得世代傳頌。

臥薪嘗膽——勾踐

公元前496年，長江下游的吳國和越國爆發了一場戰爭。對戰雙方的統帥分別是兩國的國君——吳王闔閭（粵音合雷）和越王勾踐（生年不詳－公元前464年）。

勾踐

闔閭

年輕的勾踐大敗吳軍。闔閭在戰事中身負重傷，不久就撒手人寰了。

夫差，你忘了是誰殺了你的父王嗎？

夫差（粵音扶猜）繼位為吳王後，為了銘記殺父之仇，便命人一天提醒他幾次。

夫差

不敢忘！

8

伯嚭貪財，答應幫助勾踐向夫差求和。最終，伯嚭說服了吳國與越國議和。

這些都是給我的？哈哈！

當然都是您的。越國今後就要您多多關照了。

不必多言，我已答應和越國議和。

夫差

伍子胥

但是我有一個條件，勾踐夫婦必須來吳國為奴。

大王，這是勾踐的緩兵之計！

事已至此，勾踐只能把國家託付給文種，自己帶着夫人和范蠡到吳國去了。

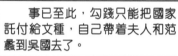

咔嚓！

在吳國，勾踐夫婦每日辛勤工作，沒有半點怨言。夫差以為勾踐真的喪失了復國的意志。

三年之後⋯⋯

寡人看你真心臣服，今日就放你回越國吧。

多謝大王！我今後也會永遠臣服於大王。

勾踐回國後立志雪恥。他每晚都睡在柴草上，每頓飯前都先嘗一嘗懸掛在頭上的一顆苦膽，用來提醒自己。

你忘了會稽之辱了嗎？

勾踐還親自下田耕種，又讓妻子和普通婦女一同織布，以鼓勵生產。

此外，勾踐更制定了幾項鼓勵生育的政策，希望青年男女多生孩子。

下令范蠡訓練軍隊。

他又任用文種管理政事。

太美了！

為了削弱夫差的鬥志，勾踐還派人將美人西施獻給夫差。

自此，夫差沉迷於後宮享樂，對朝政漠不關心。

過了幾年，文種來到吳國，假意向夫差借糧。

11

大王不要聽信讒言，中了越國的奸計呀！

這回能出兵了吧？

還不是時候。

公元前482年，夫差率精兵到黃池與諸侯會盟，勾踐乘虛而入，圍困吳都整整兩年。

你們的緩兵之計我都看得一清二楚。告訴夫差，他就等着亡國吧！

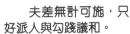

夫差無計可施，只好派人與勾踐議和。

最後，吳都城破，夫差走投無路，拔劍自殺了。

伯嚭到越國想要領功，沒想到等待他的卻是死路一條。

勾踐臥薪嘗膽，堅忍奮發多年後，終於迎來勝利的一天。

13

忠心耿耿 —— 廉頗

廉頗（公元前327年－前243年）是戰國時期趙國的名將，被封為上卿。藺相如（藺：粵音論）也是趙國人，因保護珍寶「和氏璧」不致落入秦國手中，又在澠池之會（澠：粵音敏）中避免趙王被秦王羞辱而立下大功，被封為上卿，位在廉頗之上。

藺相如

廉頗

我為趙國屢建戰功，而藺相如不過是只靠一張嘴的卑賤之人，卻比我位高權重。等我遇見他，一定要羞辱他。

藺相如知道後，為了避免和廉頗見面，連上朝都稱病不去。

一天，藺相如外出，遠遠看到廉頗的馬車。

快掉頭！快掉頭！趕緊回府！

藺相如一回到府中，門客就不約而同地前來進諫。

我們因為仰慕您的氣節才來投奔您門下。如今廉頗口出惡言，您卻處處迴避，也怕事得太過火了。

我們這些庸碌之輩尚且感到恥辱，何況是您呢？請您准許我們離開吧！

藺相如堅決挽留他們。

諸位認為廉將軍和秦王相比，誰更厲害？

我連秦王都不怕，還會怕廉將軍嗎？只要我們兩人和睦，就足以抵擋強秦，個人私怨又算得了什麼？

廉將軍比不上秦王。

我粗野無禮、心胸狹窄，沒想到藺上卿您的心胸如此寬廣啊！

我比不上藺上卿。

廉頗聽說了藺相如的話，羞愧難當，於是脫去外衣，背着荊條，來到藺相如的府前請罪。

今後你我同心協力，共拒強秦吧。

我要耗盡秦軍的力量！

公元前259年，秦軍與趙軍在長平對陣，廉頗堅守營壘，拒不出戰。

秦

秦

平長

秦軍久攻不下，軍心開始渙散。

廉頗那老東西守在這兒，我們想攻佔長平，比登天還難！

不如我們用離間計，讓趙王撤換廉頗，這樣長平就唾手可得了。

秦軍派奸細在趙國四處散播謠言。

秦軍最怕的並不是廉頗，而是趙括。

趙括？他行嗎？

謠言很快傳到了趙王耳中。趙王決定用趙括取代廉頗。

廉頗老矣，只知固守，不如用趙括替代廉頗，與秦軍速戰速決。

藺相如苦苦勸諫，趙王不為所動，最後還是任趙括為主將。

趙括未曾立功，只知熟讀兵書，卻不懂靈活應變，難以應戰。

當初你同樣寸功未立，先王仍重用你，何況趙括還是名將之後！

趙括

趙括取代廉頗之後，把原本守城的將領全部撤換。

秦將白起得悉這些變動後，便假裝敗退誘敵。趙軍追擊到半路，兩旁埋伏的秦軍便突然殺了出來，令趙軍軍心大亂。

這可怎麼辦呢？

混戰之中，秦軍用亂箭射死了趙括。幾十萬趙軍隨即向秦軍投降，秦軍卻將降兵全部活埋。長平一戰，趙國損失四十餘萬人。

啊！

第二年，秦軍包圍了趙國的都城邯鄲，全靠楚國和魏國軍隊施援，趙國才得以解圍。

在邯鄲解圍後的數年，燕國謀士栗腹向燕王獻計。

現在趙國國力空虛，大王應趁機吞併趙國。

不過在廉頗的指揮下，趙軍大破燕軍，迫得燕國割讓五座城池求和，趙王才答應停戰。趙王其後封廉頗為信平君，代理相國。

18

老將軍還是解甲安享晚年吧，這樣才有望善終！

樂乘

公元前245年，趙悼襄王即位後就解除了廉頗的軍職，派樂乘代替廉頗。

小子，再敢張狂，就吃我一拳！

廉頗在盛怒之下攻擊了樂乘，自知在趙國待不下去，於是投奔了魏國。

我一頓飯能吃一斗米，十斤肉，還能披甲上馬，為國出征！

我回去稟報大王，就說廉頗已經不能為國征戰了。

趙國此後多次與秦軍交戰，屢戰屢敗。趙王終於想到派使者到魏國來請廉頗回國，但使者卻被與廉頗有私怨的奸臣郭開收買。

廉頗一直等待趙國召喚，可惜願望成空。一代名將最終客死他鄉。

廉頗死後不久，秦將王翦大破趙軍，俘虜了趙王，趙國終於滅亡。

我是趙國人，只能為趙國疆場殺敵。

— 廉頗的故事完 —

春秋戰國時期的兵器

　　春秋戰國時期是指公元前 770 年至前 221 年，當時東周天子作為諸侯國共主的地位漸失，羣雄割據爭霸，戰事不斷，各式各樣的精良兵器應運而生。以下就介紹一下部分常用兵器吧！

戈

戈是春秋時期最為有名的長兵器。戈前端有橫刃，安裝在長柄上，可用於勾擊和啄擊，以尖端傷敵。

殳

殳（粵音殊）出現在春秋末期，由竹子等製成，頭部沒有刃，但有尖銳的稜，鋒利異常，可用於刺殺和砸擊。

青銅劍

最早出現於商代，至春秋時期成為士兵的標準裝備。其中一把名劍是越王勾踐使用的青銅劍，現藏於湖北省博物館，其劍身正面刻有銘文「戉王鳩淺自乍用鐱」。

戟

戟是戈和矛的合體，殺傷力比戈和矛都要強，攻擊方式多樣，可供戰車、步兵與騎兵使用，至漢朝、兩晉時期仍是重要武器。

鉞

鉞（粵音月）是一種巨型的斧頭，雖具備殺傷力，但是更多用作儀仗。在西方國家，權力的象徵物是權杖；在古代的中國，權力的象徵物是鉞。

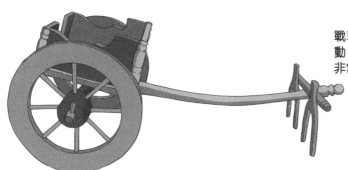

戰車

戰車相當於現在的坦克，由馬拉動，載着士兵按隊列進攻，威力非常強大。

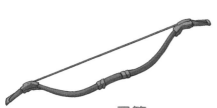

弓箭

弓箭起源於原始社會，製作技術隨着時代的變遷不斷提升，是古代常見而重要的兵器。

弩

弩是威力強大的遠距離武器，從弓演化而成，射程、殺傷力和準繩度都比弓優勝，是步兵有效克制騎兵的武器。

盾

盾的種類很多，騎兵和步兵所用的盾牌在春秋以後漸漸趨於小型、堅固。

甲

即盔甲。不同時期的甲採用的材質不同，主要用於保護士兵免受敵方弓箭傷害。

用兵如神
——孫武

孫武（公元前544年－前470年或496年），春秋時期齊國人，是中國著名軍事家、政治家，獲後人尊稱為孫子、兵聖。

孫武

孫武的祖父和父親都是帶兵的將領，從小的耳濡目染讓孫武對軍事有着獨到的見解。

孫武

當時的齊國動蕩混亂，出身低微的孫武未受重用。他毅然離開齊國，長途跋涉，最終來到吳國。

公元前515年，闔閭即位吳王，獲委以重任的伍子胥對孫武的軍事才能大為賞識。

闔閭

還望兄長多多提攜！

賢弟就和我一起報效吳國吧！

伍子胥

哈哈！

闔閭即位後第三年，見吳國國情穩定，糧食充足，決定征伐楚國。

此人是誰？傳來見見！

小人就是孫武，還請大王指點。

闔閭一口氣讀完了孫武撰寫的十三篇兵法。

如此人才，寡人怎麼沒發現？

不過吳王想先考驗孫武，看他有沒有真本事。

臣伍子胥要向大王舉薦一人。大王伐楚，非此人不可！

小人遵命！

闔閭給孫武一個難題：他把宮女、妃嬪共一百八十人交給孫武訓練成軍。

23

哈哈！ 哈哈！

這些人能打仗嗎？

不過這些宮女、妃嬪毫不理會孫武的命令，只顧嬉笑玩鬧。

饒命呀！

這不是個遊戲嗎？

竟敢把三令五申當作兒戲！來人，把兩個隊長斬了！

請將軍對兩位愛妃手下留情。

臣受命為將，軍令在手，不能隨意更改。

當孫武再次擊鼓傳令的時候，眾人莫敢不從。

隊伍訓練完畢，請大王檢閱。

哼！

算了，這也不是孫武的錯，誰讓寡人用後宮美女去試探孫武呢？

寡人封你為大將軍，由你來操練士兵，準備伐楚。

多謝大王！

在孫武的嚴格訓練下，吳國軍隊的戰鬥力顯著提高。

公元前512年，在伍子胥和孫武指揮下，吳軍攻克了楚國的附庸國鍾吾國和徐國。

是楚國的人馬！

公元前506年，楚國出兵反擊，攻打與吳國合力伐楚的蔡國。

棄船上岸！動作快點！

孫武和伍子胥率領三萬精兵，解蔡國之圍。

26

夫差繼位吳王後，孫武奉命整頓軍隊，助吳國接連打敗越國和齊國。

你們立刻整頓軍隊，尋機會報仇雪恥！

臣遵命！

可是夫差日益驕橫，不聽忠言。不僅中了勾踐旨在復仇的「美人計」，還賜死了忠心耿耿的伍子胥。

我死後，就把我的雙眼掛在城門上，我要看着越國打進來。

幫助吳國建立了霸業的孫武心灰意冷，決定重返齊國。

孫武隱居山林，重修兵法，後世稱為《孫子兵法》。

孫武、伍子胥，你們在哪裏啊？

公元前473年，吳國被越國所滅，夫差羞愧不已，自刎而死。

27

—— 孫武的故事完 ——

為什麼古人在姓氏後加「子」字？

人們常用孔子、莊子等，來代替全名稱呼。
為什麼古人喜歡稱「子」呢？

「子」是古人對成年男子的尊稱，也指師長。「子」還是一種爵位等級，即所謂「公侯伯子男」中的子爵。

有些文人既不願以爵位等級最低的「男」，作為代替本名稱呼的表字，也不能用頭等的「公」做表字，因此常採用偏下的「子」字。

這是貴公子嗎？

正是犬子。

受中國儒家思想的影響，人們會謙稱自己的兒子為「犬子」，稱自家為「寒舍」，而稱呼別人都是用尊敬語「貴公子」、「貴府」等。

以身殉國——屈原

屈原（約公元前343年－前278年），戰國時期楚國的詩人、政治家、思想家。他出身於楚國貴族，志向遠大。

屈原

只有楚懷王才有如此威望。

楚懷王

切莫推辭！

多謝各位美意，我就不客氣了！

在戰國時期，屈原受楚懷王之命，聯合各國一起對付秦國。在屈原的努力下，楚懷王成了六國聯盟的領袖。

屈原獨攬大權，目中無人。

快找機會收拾他！

屈原得到了楚懷王的重用，卻惹來其他官員妒忌。

張儀

秦王

大王，現在楚國內部不和，正好趁機瓦解六國聯盟。

好！

張儀到達郢都後，先來拜訪屈原，力陳秦楚聯手的好處。

楚國不會改變六國聯盟的主張。

其後張儀來到了楚懷王的兒子、屈原的政敵公子子蘭的府邸。

公子子蘭

只要拆散了六國聯盟，屈原必會失寵。

先生所言極是！

子蘭又帶張儀拜見了王后鄭袖。張儀把一雙價值萬金的白璧獻給了鄭袖，讓鄭袖欣然答應盡力促成秦楚聯盟。

就讓王后告狀，指斥屈原向先生索賄。

此計甚妙！

只要大王願意結盟，秦王準備以商於這個地方共六百里的土地獻給大王。

張儀再向楚懷王游說。楚懷王是個貪心的人，聽說可以平白得到六百里土地，如何不喜？

聽説屈原向張儀索要一雙白璧不成，怕是要反對此事！

鄭袖

什麼六國聯盟！只有秦楚聯盟才能長盛不衰！

來人！把屈原趕出去。

大王，張儀是秦國派來拆散聯盟、孤立楚國的！

第二天，楚懷王擺下酒席，招待張儀。席間討論起秦楚結盟，屈原果然反對此事。

回到家中，屈原想到聯盟一旦破裂，楚國必然不保，不禁悲從中來。

嗚！

嗚！

屈原痛心極了，跪在宮門外久久不願離去。

王后鄭袖慌忙立太子熊橫為頃襄王。

剛入武關，楚懷王便被秦國扣留，並被送往咸陽，靳尚一個人逃回郢都。

永遠不許再回郢都！

屈原拚死趕到郢都，要求恢復六國聯盟。子蘭等人怕楚懷王回國問罪，因此將屈原驅逐出郢都。

你們這是禍國殃民！

在咸陽，秦王要求楚懷王當面立下割讓黔中的文書，楚懷王一口拒絕了。

放我出去，我好想回家呀！

三年後，楚懷王在憂憤中客死異鄉。

屈原聽聞噩耗，趕回郢都，日夜在宮門前痛哭。

誰讓你回來的？趕緊離開郢都！

你是楚國的臣子，還是秦國的奸細？

我蒙冤不要緊，只恨國家的前途被斷送了！

屈原被革去三閭大夫的職位，遭押送流放到凌陽。

公元前278年，秦將白起進攻楚國，佔領郢都。這個消息徹底擊垮了屈原。

呼！

呼！

屈原輾轉來到汨羅江（汨：粵音覓），抱着江邊的石頭，奮力跳向江心，就這樣沉沒江底，相傳這天正是農曆五月五日。

嘩啦！

— 屈原的故事完 —

端午節的起源

農曆五月五日是端午節，相傳是紀念屈原投江的傳統節日。我們一起來看看相關習俗的起源吧。

❶

傳說屈原死後，楚國百姓紛紛湧到汨羅江邊憑弔。漁夫更划起小艇，在江中搜尋屈原的遺體。

❷

有漁夫將準備好的飯糰、雞蛋等食物丟進江裏，希望水中魚蝦等吃飽了，不會去咬屈原的身體。

❸

一位老大夫則拿來一壇雄黃酒倒進江裏，說是可以迷暈蛟龍水獸，以免牠們傷害屈原。

❹

後來，為了防止飯糰等祭品被蛟龍所食，人們便想出用蛟龍懼怕的糉葉包飯，外纏彩絲，這種食物最終演變成現今的糉子。

❺

此後，每年的農曆五月初五，就有了龍舟競渡、吃糉子、喝雄黃酒的風俗，以此來紀念愛國詩人屈原。

中華勇士 — 蒙恬

蒙恬（約公元前250年 — 前210年），祖籍齊國，號稱「秦朝戍邊第一勇士」。

蒙恬

蒙鶩

蒙武

秦始皇

蒙恬的祖父蒙鶩和父親蒙武自戰國時期以來都是秦國大將。公元前236年至前221年，秦國陸續消滅韓、趙、魏、楚、燕、齊六國，統一中國，蒙鶩與蒙武曾在多場戰事中立下顯赫戰功。

蒙恬這一代更是深受秦始皇重用。蒙恬受命為將軍，弟弟蒙毅則為秦始皇的上卿，會與秦始皇共乘一車，在朝時又服侍在秦始皇的左右。

蒙毅

秦國的其他將相都不敢與他兄弟二人爭寵。

啟稟陛下，邊關急報，北方的匈奴正侵犯我國邊境。

戰事才剛消停兩天，又有匈奴作亂。

派誰去平亂好呢？這個人必須有駐守北方邊境的經驗，還不能太年老……蒙恬！非他莫屬！

公元前215年，蒙恬率領三十萬大軍，日夜兼程地趕赴邊關。

紮下大營後，他親自翻山越嶺、觀察地形。

翌年春天，蒙恬的軍隊以銳不可當之勢大敗匈奴，迫使匈奴逃回大漠。

這個姓蒙的，真的好厲害啊！

蒙恬統率重兵築亭障、修城堡，給北方百姓帶來了十幾年的安定生活。

大家辛苦了！

蒙將軍，您好啊！

蒙將軍，您多保重啊！

經此一役，當時的秦軍再無敵手，蒙恬也一躍成為秦國最為出色的將領。

蒙恬將軍遠勝於我！

李斯

就連備受秦始皇賞識的李斯亦對他有所忌憚。

當時，人們用竹簽寫字，很不方便。傳說蒙恬因此發明了毛筆。

這破玩意兒還沒有竹簽好用呢！

一天，蒙恬在打獵時看見一隻兔子的尾巴在地上拖出了血跡，靈機一動。

他試着用兔毛製筆寫字，可是兔毛不吸墨。

幾天後，蒙恬無意中看見被自己扔在水坑裏的毛筆，兔毛居然變白了。

原來，水坑裏的水含有石灰質，浸泡後便除掉了兔毛上的油脂。相傳這就是世上第一枝毛筆。

好神奇！怎麼這枝筆在水坑裏泡幾天就變得如此好用呢？

後來，秦始皇施行暴政，焚書坑儒，一場災難席捲中華大地。

公子不必憂愁，既來之，則安之！

不知道何時才能回到父王身邊！

父王，您要仁政愛民，不該如此對待讀書人。

住口！你竟敢教訓我？馬上去和蒙恬一起戍邊，別再讓我看到你！

扶蘇

公子請！

將軍請！

扶蘇和蒙恬在戍邊期間建立了深厚的友誼。

為了邊疆的安全，蒙恬建起了西起臨洮、東到遼東、長達五千多公里的長城。

有了長城，無論是守衛國土，還是運送物資，都方便多了。我可以安枕無憂了！

蒙恬又奉命派人修築了從秦國都城咸陽連接到九原的寬闊直道，方便調兵和運送糧草物資。

41

我蒙氏三代為秦國出生入死，以我的勢力足以背叛秦國，但我知道，我應當守義而死。

扶蘇已死，蒙恬仍可以為本王戍邊，放過他們吧！

蒙毅，你可知罪？

臣無罪！

陛下，蒙氏兄弟都是扶蘇的餘黨，不可放虎歸山！

胡亥聽信讒言，處死了蒙毅，又派人前往陽周殺蒙恬。

蒙恬最終吞藥自盡，為他全心奉獻的秦王朝最後一次盡忠。

我怎麼得罪了上天？竟會無罪而死？

我不敢辱沒先人的教誨，不敢忘記先主的恩情。

43

—— 蒙恬的故事完 ——

萬里長城

萬里長城修築歷史可追溯至公元前 9 世紀的西周時期，旨在防禦北方遊牧民族儼狁侵擾。到春秋戰國時期，列國諸侯按各自防守需要而在邊境築城。

公元前 221 年，秦始皇統一六國之後，動用了近百萬勞動力修築長城。秦長城以石築見稱，以原本燕、趙、秦的部分北方長城為基礎來修建擴充。

至漢武帝登基後，又修建了外長城，築成了一條西起大宛、東至鴨綠江北岸，全長近一萬公里的長城。

長城結合了多種防禦工事，包括：

烽火台

城堡

烽火台是古代邊防發出警報的信號台。遇有敵情時，白天會放煙，稱為「燧」，夜間則會點火，稱為「烽」。到了明朝，示警時還會加放炮聲，以增強警報效果，使軍情可迅速傳達千里之外。

城堡按建築規模，分為鎮城、路城、衛城、關城和堡城等，城堡內有衙署、營房、民居和寺廟。

國士無雙——韓信

韓信（約公元前231年－前196年），西漢開國功臣，中國歷史上傑出的軍事家，與蕭何、張良並列為漢初三傑。

爹！娘！你們都走了，我一個人要怎麼活下去啊？

建功立業之前的韓信，過着窮困潦倒的生活，不時依賴他人贈予飲食，備受厭惡。

韓信出身貧寒，從小便失去了雙親。

當地的一個亭長可憐韓信，常邀他到家裏吃飯，可沒過多久，亭長就不想讓他再白吃白喝了。

等我出人頭地，一定報答您！

你們這是故意羞辱我！

不好意思，今天我家較早吃飯，已經沒有剩飯了。

我不求你報答，我是看你可憐才給你吃的。

漂母

為了活下去，韓信每天來到淮水邊釣魚，一個洗衣服的老婦時常把自己的飯菜分給他吃。

45

有些年輕人也看不起韓信。

你要麼拔劍刺我，要麼從我的褲襠下鑽過去。

這個沒出息的傢伙。

他真的鑽過去了。

憑你這樣的人，能有什麼作為？

公元前209年，項梁率領反秦的起義軍渡過淮河，於是韓信就投奔項梁陣營。

韓信在項梁和其侄子項羽的軍隊中未受重用，於是改為投奔劉邦。

可是劉邦也只讓他擔任管理糧草的低級官員。

以後你一定能登壇拜帥。

蕭何

一次偶然的機會下，韓信獲劉邦的親信引薦給丞相蕭何。蕭何認為韓信是個不可多得的人才。

可是韓信依然不受重用，心灰意冷下決定離開。蕭何來不及向劉邦報告，便親自去追趕韓信。

韓信，你在哪裏？

報！蕭丞相逃跑了！

兩天了，蕭何一點消息都沒有。

劉邦

這還得了，趕緊去給我找他回來！

蕭何追了兩天後，才看見韓信牽着馬在河邊休息。

蕭丞相，您怎麼來了？

請留步！

回到漢軍營地，劉邦看到蕭何歸來，喜怒交加。

丞相，你為什麼要逃跑？

爾怎麼不說一聲就走了？

要是大王再不重用你，那我們就一起走！

不，我是為了您去追韓信。

逃走的將領那麼多，你怎麼偏要去追韓信？

夏侯嬰

韓信慢慢地低下頭，一言不發。

韓信是當今數一數二的軍事奇才。大王如果要爭天下，一定要重用韓信！

48

公元前206年，劉邦與項羽爭奪天下，楚漢戰爭爆發。

擒霸王者，重賞千金。

公元前202年，漢軍與楚軍在垓下展開決戰。楚軍大敗，被漢軍重重包圍。

韓信屯垓下，要斬霸王頭。

人心不向楚，天下已屬劉。

當初我起兵反秦，如今一敗塗地，我愧對江東父老！

漢軍命士兵大唱楚國歌謠，令楚軍思鄉厭戰，韓信乘勢進攻，令楚軍傷亡慘重。

自覺無顏見江東父老的項羽，力戰後自刎而死。

多謝您當初的贈飯之恩！

韓信衣錦還鄉後，找到當年贈飯的漂母，送她黃金千兩。

你是個小人，做好事有始無終。

韓信又找到當年的亭長，卻只送他一百錢。

當年你侮辱我時，我忍了下來，這才有了今天的成就。

他又找到當年讓自己蒙受「胯下之辱」的少年，任命他為中尉。

公元前201年，有人指控韓信謀反。

這個嘛⋯⋯那就放了你吧，改封你為淮陰侯。

狡兔死，走狗烹；飛鳥盡，良弓藏。天下已定，我也就沒用處了！

劉邦猜忌我們會奪其天下，早晚會對我們不利，恐怕要另作打算。

陳豨

公元前197年，陳豨（粵音希）叛變了。

這還得了？速速招韓信進宮問罪。

呂后

我乃韓信家的門客，陳豨謀反和韓信脫不了關係。

蕭何與呂后喬議，決定把韓信騙進宮中。

當真？好吧！

陳豨謀反已被平定，請將軍進宮朝賀。

結果韓信剛入宮，就被武士捆綁起來，並在長樂宮中處斬了，一代名將就此含恨而終。

真是成也蕭何，敗也蕭何！

─ 韓信的故事完 ─

與韓信有關的成語

　　名將韓信一生高低跌宕，不少傳奇事跡演化為成語，並流傳至今。以下是部分與韓信有關的成語：

胯下之辱：意指極大的侮辱。韓信曾受人欺負，要從一人的胯下鑽過去。最後韓信果真鑽了過去。

一諾千金：韓信曾向施捨他的老婦許諾會報答她。到韓信衣錦還鄉時便贈送老婦黃金千兩，兌現承諾。

拔旗易幟：韓信曾使計命人拔掉敵方的旗子，換上己方陣營的旗子，以誇大氣勢，比喻取而代之。

解衣推食：劉邦把身上穿着的衣服和正在吃的食物贈予韓信，形容對人熱情關懷。

勳冠三傑：三傑是指建立漢室江山的蕭何、張良和韓信，形容人的功勳超越此三大功臣。

功高震主：指韓信功勞太大，使君主感到地位受威脅。

威震匈奴──衛青、霍去病

衛青（生年不詳－公元前106年），西漢名將。漢武帝在位時官至大司馬大將軍，被封為長平侯。

霍去病（公元前140年－前117年），西漢名將，官至大司馬驃騎將軍，被封為冠軍侯。

衛青

在漢武帝即位之前，西漢一直用和親的方式換取邊境和平。

公元前124年，匈奴右賢王再次侵犯西漢邊境。

右賢王

乾杯！

乾杯！

都乾了！漢軍根本不足為慮。

漢武帝派衞青抵禦匈奴。他率領三萬騎兵急行六七百里,終於找到了匈奴的營帳。

兄弟們,衝啊!

衞青一共俘獲一萬五千多名匈奴士兵。

漢武帝收到捷報,立刻派使者拿着大將軍印,封衞青為大將軍。

不知道。

爵是什麼意思?

還是請皇上封賞那些浴血奮戰的將士吧!

衞青三個還未成年的兒子也都被冊封為侯爵。

53

漢武帝於是又冊封了衞青的部下。

衞青是人才呀！

漢武帝

第二年，匈奴又來侵擾邊境。

衞

舅父好威風啊！

霍去病

霍去病是衞青的外甥，漢武帝很喜歡他，讓他擔任自己的隨身侍衞。

初生之犢不畏虎。

給他八百名精兵做先鋒吧。

剛滿十八歲的霍去病想要隨舅父出征。

霍去病率領八百名騎兵，向北方追尋匈奴兵馬的蹤跡。

我們的行軍速度太快了，還是等等大部隊吧！

不，這樣可以殺匈奴一個出其不意。

他們又向北走了幾百里，終於發現了匈奴的軍營。

敵人就在眼前，別錯過立功的好機會。

霍去病衝進匈奴大帳，瞧見裏面有個人，就一刀砍下了他的頭。

他率領的八百名騎兵也在敵營中衝殺，還抓獲了一些俘虜。

哼！

當硝煙散去，漢軍清查戰場時才知道，這一仗共殺了兩千多個匈奴兵。

呼！

呼！

將軍殺的正是匈奴單于（粵音蟬余）的祖父。

朕要封你為冠軍侯。

多謝陛下！

在霍去病二十歲那年，衛青派他率兵奔赴河西走廊。

我們這次的任務是切斷匈奴和西域國家的聯繫。

這一次出征，霍去病在河西走廊縱橫馳騁四千多里。

霍去病俘虜了渾邪王子和相國等人。

休屠國用於祭天的金人也被霍去病拿了回來。

匈奴單于失落了河西走廊後大發雷霆。

單于要殺我們，我們願意歸順大漢。

朕會派霍去病將軍去受降。

為了盡快控制大局，以免生出變數，引起後患，霍去病到達後，把幾個堅決不肯投降的小王殺了，其他人看到後都投降了。

我奉皇上旨意，前來慰問全軍將士。

嘩！

霍去病將一壇酒倒在一眼泉水裏，讓將士都來喝。後來，漢朝在那裏設立了「酒泉郡」。

公元前119年，漢武帝再次派衞青、霍去病各帶五萬精兵，分兩路合擊匈奴。

衞青頂着風沙，行軍一千多里進攻匈奴，最終伊稚斜單于招架不住，帶着幾百名騎兵向北突圍逃去。

衞青一路追到趙信城。

這時匈奴兵已經逃跑，城裏儲存了不少糧草，衞青讓士兵們飽餐了一頓。

之後衞青命令士兵燒了餘下的儲糧，這才勝利回師。

呼！

米 米 米

另一方面，霍去病橫越大漠兩千多里，大破匈奴，一直追到狼居胥山下。

他在那裏祭天，並立下一塊石碑留作紀念。

哈哈！

漢武帝為了獎勵霍去病多次立下大功，特意給他興建了一座很漂亮的宅院。

匈奴未滅，無以家為，這座宅院我不能要。

公元前117年，霍去病去世，年僅二十三歲。公元前106年，大將軍衞青病逝。衞青的一生，共七次出擊匈奴，殺敵五萬餘人。

——衞青、霍去病的故事完 ——

投筆從戎——班超

班超（公元32年－102年），東漢名將、政治家。他少時博覽群書，後來投筆從戎。

班超

因為家境貧寒，班超為了維持生計，只好給官府做抄寫的工作。

大丈夫應該像張騫那樣到邊疆去建功立業！怎麼能和筆硯打交道一輩子呢？

班彪

班超的父親名叫班彪。漢光武帝曾請他整理史書。

班超的哥哥名叫班固，獲漢明帝封為蘭台令史。

班固

公元73年，奉車都尉竇固任命班超為使者，派他去聯絡西域各國對付匈奴。

自張騫出使西域以來，西域各國與漢朝向有往來，但未能結盟對抗匈奴。

班超帶着三十六個隨從到達鄯善國（鄯：粵音善）。

漢朝皇帝派我來聯合貴國，共同對付匈奴。

您説得太對了。請先住下來，過兩天再具體商議聯合之事。

鄯善國國王

就説我在忙，沒空見他們。

鄯善國國王一開始對班超一行相當熱情，可是沒過多久就對他們冷淡了。

班超有一種不祥的預感。

我估計匈奴派人來游説鄯善國國王了。

夜裏，班超派人潛進王宮，果然發現鄯善國國王正陪着匈奴的使者喝酒談笑。

你跟我説實話，匈奴是不是派人來了？

是，而且還帶了百多個全副武裝的隨從。

我們服從您的命令！

您就下令吧！

如果再不果斷行動，我們就會成為犧牲品。

我們支持您！

支持您！

不入虎穴，焉得虎子！只有對抗匈奴使者，我們才能完成使命！

當天夜裏，班超就帶人把一百多個匈奴人全部殺死了。

第二天，班超提着匈奴使者的頭顱去見鄯善國國王。

您既答應和我們結盟，卻又勾結匈奴。現在匈奴使者已死，由您決定要怎麼做吧！

鄯善國國王既吃驚又害怕，很快就與漢朝簽訂結盟協議。

班超的舉動震驚了西域各國，其他國家紛紛和漢朝簽訂結盟協議，表示永久友好。班超圓滿地完成了使命。

漢明帝

接下來還得再辛苦你出使于闐國。

臣領旨！

班超帶着原班人馬到達于闐國（闐：粵音田），于闐國國王親自接見他們。

可此時于闐國還住着匈奴派來的使者。于闐國國王左右為難，就請巫師來求問吉凶。

巫師

您先派人去向班超要馬，就説要祭奠神明，看看他的態度再做決定。

于闐國國王

就這麼辦！

我們于闐國國王想借你們的馬祭奠神明。

那就請巫師自己來挑選吧！

班超這個笨蛋果然上當了。

啊！

班超見巫師來了，立刻拔出寶劍把巫師殺了。

不敢！不敢！

如果你敢勾結匈奴，就會和巫師有同樣下場！

傳旨，命班超回朝。

太子即位，漢朝開啟了漢章帝時代。

漢明帝之靈位

公元75年，漢明帝病逝。

您不能走啊，您走了漢朝就不要我們了。

您走了，匈奴就會來收拾我！

于闐國國王和大臣們抱住班超的馬腿不放。

班超上書給漢章帝，請求暫緩回朝。

漢章帝看了奏章，同意讓班超繼續留在西域。

班超一生中接近一半的時間都在西域度過，為東漢與西域的融合作出了重大貢獻。

65

── 班超的故事完 ──

一代戰神——李靖

李靖（公元571年－649年），是隋末唐初時期傑出的軍事家。

李靖

舅父言重了。

能與我討論孫子兵法者，只有李靖。

公元617年，李淵父子起兵叛變反隋，李靖在長安陷落後被俘。

讓開，我要殺了他！

父親，李靖殺不得，他是難得的帥才！

李淵

李世民

李靖獲李世民收入麾下。公元621年，已即位為唐高祖的李淵任命李靖為行軍總管，征討在長江中下游自立為王的蕭銑（粵音癬）。

李靖趁長江水位暴漲，一舉攻至江陵城下，迫使蕭銑投降。

公元623年，唐朝將領輔公祐（粵音石）起兵反唐。李靖出其不意地攻破了輔公祐的水軍。

這下完蛋了！

輔公祐

長安城內空虛，如不答應，我就殺進城去。

頡利可汗

李世民

這不是平等的盟約，這是「渭水之恥」！

公元626年，突厥頡利可汗（粵音黑寒）率十萬大軍南下，李世民不得不在渭水邊與突厥訂立了「渭水之盟」。

突厥都城已經近在眼前了。

唐兵如非傾巢而出，李靖怎麼敢孤軍深入？

三年後，李世民決定北伐。他任命李靖為行軍總管，分頭圍剿突厥。

李靖指揮鐵騎猛攻定襄，頡利可汗只得狼狽出逃。李靖的三千鐵騎頓時威震大漠。

嗚！

嗚！

時值嚴冬，頡利可汗處境極為窘迫，便派使者到長安假意求和。

等到草青馬肥的時候，再與唐軍決戰！

李靖此時正駐軍鐵山，他送走了出使的唐儉。

唐儉

臣領旨！

先生慢走。

等我的好消息吧！

朕派你到鐵山安撫突厥各部。

這算不算抗旨啊？

皇上詔使去談判，頡利一定會放鬆戒備。我們就發動閃電戰，迫頡利不戰而降。

李靖親率一萬精兵，神不知鬼不覺地靠近頡利的大帳。

李世民果然上當了，哈哈……

頡利快快投降！

殺呀！

我的媽呀！

不是說好要講和的嗎？

頡利可汗最終被唐軍俘獲。

從古至今無人能與將軍比肩，此戰足以雪「渭水之恥」！

都是萬歲皇恩浩蕩啊！

太上皇李淵聞訊也十分高興。

我大唐軍隊能打敗突厥，此生我再無憂慮了！

從此，唐朝的北方邊境安然無事多年，人民安居樂業。

周邊其他少數民族部落也紛紛向唐朝稱臣，尊唐太宗李世民為「天可汗」。

公元634年，居於青海和新疆的吐谷渾部落進犯，成了唐朝邊境的一大禍患。

李靖已經六十三歲了，還能派誰去平亂呢？

臣才六十三歲，還未老呢！臣願領兵平定來犯之敵！

70

次年初，李靖指揮五路唐軍直趨吐谷渾的都城伏俟城（俟：粵音自）。

吐谷渾可汗自知難敵唐軍的攻勢，遂率眾棄城而逃。

不久，吐谷渾可汗的部隊便被緊追不捨的唐軍打敗，他也被部下殺死。

李靖僅用了半年的時間，便一舉平定了西北邊疆。

公元649年，李靖病逝，享年七十八歲。公元760年，唐肅宗把李靖列為十大名將之一，並配享於武成王（姜太公）廟。

—— 李靖的故事完 ——

71

大唐名將——郭子儀

公元755年，「安史之亂」爆發。次年，安祿山在洛陽稱帝，唐朝處於生死存亡的危機中。

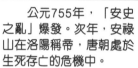

安祿山

郭子儀（公元697年－781年）被任命為朔方節度使，奉命討伐叛軍。

郭子儀

郭子儀與李光弼合作，常山郡九縣全被唐軍收復。

叛軍史思明整頓人馬，尾隨在唐軍後面想要反擊。郭子儀將計就計，打得史思明的部隊丟盔棄甲、死傷大半。

呼！

大唐名將 —— 郭子儀

公元756年，太子李亨即帝位，史稱唐肅宗。

安慶緒

史思明駐軍范陽後，不肯聽從安慶緒的調動。

敢不聽我的命令，你要作反了！

史思明

與此同時，叛軍陷入分裂。安祿山被其子安慶緒殺死。

公元757年，唐肅宗令李俶（粵音束）和郭子儀率領十五萬大軍反攻長安，但李俶並無軍事才能。

黑！

看槍！

看刀！

哈！

敵軍已經敗退，應該乘勝追擊才對！

急什麼？萬一敵軍有詐呢？

李俶

李俶以軍隊疲勞為由命令收兵，使仍有戰鬥能力的叛軍得以逃出長安城。第二天，唐軍收復長安。

長 安

公元764年，與回紇友好的將領僕固懷恩率領朔方軍，與唐軍分庭抗禮。

繼位的唐代宗重新任命郭子儀為朔方節度使平亂。

歡迎老將軍！

快快請起。

次年九月，僕固懷恩又引回紇、吐蕃、吐谷渾、黨項等族共三十多萬人馬攻唐。然而，僕固懷恩不久暴斃，吐蕃、回紇為奪盟軍之主而失和。

郭子儀命親兵將領李光瓚試探回紇主將藥葛羅。

將軍，我奉郭子儀將軍的命令來向您請安！

是郭令公嗎？我聽說郭令公已經死了。你請郭令公親自來和我們談。

藥葛羅

李光瓚向郭子儀匯報，郭子儀立即召集眾將商討對策。

要去也得帶上精兵強將隨侍。

將軍不能去啊！

我親自去見見他們，有可能不戰而退回紇之兵。

於是，郭子儀只帶了幾名隨從，出城前往敵營。

郭令公來啦！

郭令公來啦！

藥葛羅聞訊不知真假，生怕唐軍有詐，拈弓搭箭，嚴陣以待。

郭子儀見狀，毅然摘下頭盔，脫去鎧甲，向回紇陣前緩緩行去。

回紇的大小酋長，在藥葛羅的率領下，一齊下馬，拜倒在地，表示歡迎。

真是郭令公來了！

諸位快快請起。

郭令公好啊！

請郭令公恕罪，令公統兵在此，我們哪敢為敵啊！

吐蕃背信棄義，你們何不乘機反戈一擊呢？這可是上天賜給你們的良機呀！

唐回兩軍，合擊吐蕃，有違約者，死於戰陣！

唐回兩軍，合擊吐蕃，有違約者，死於戰陣！

郭子儀談判成功了，雙方訂好了合擊吐蕃的計劃，以酒盟誓。

你說什麼？藥葛羅倒戈了？

吐蕃得知回紇與唐軍結盟後連夜撤兵。

繼位的唐德宗為之廢朝五日，命文武百官前往弔唁。

公元781年，郭子儀病重去世，時年八十四歲。

郭子儀一生事奉過七朝天子，為鞏固唐朝統治東征西戰數十年，他的雄才偉略在百姓和軍隊心中永誌難忘。

—— 郭子儀的故事完 ——

認識唐朝軍隊

　　唐朝堪稱中國最輝煌的朝代，軍事力量尤為強盛。我們就來認識一下唐朝軍隊的本領吧！

唐朝時軍隊的裝備、質素，以及將帥用兵的能力，都堪稱達到冷兵器時代的高峯。

唐軍的騎兵有輕重之分，其中最有名的部隊是玄甲軍。據說玄甲軍是李世民即位為唐太宗之前所創立，玄甲兵身披黑色戰衣與鐵甲，馬匹也有全套護具。

在唐朝，被徵召入伍的男子可以免除賦稅。同時，軍隊對士兵使用兵器的能力也有要求，例如使用弓箭和弩的士兵命中率需要達到50%以上才算過關。

滿門忠烈──楊家將

山西代縣的鐘鼓樓上懸掛着「威鎮三關」、「聲聞四達」兩塊牌匾，傳說這是為了紀念楊家將的不朽功勳。

威鎮三關

聲聞四達

名將楊業（公元929年－986年）本名楊重貴，其父楊信趁五代割據的混亂時期佔據麟州，自稱刺史。

楊業

少年楊重貴很受北漢皇帝劉崇的重用。他收楊重貴為養孫，改名為劉繼業。

孫兒快快請起！

劉崇

多謝皇爺爺賜國姓！

後來，宋太祖趙匡胤奪取了後周政權，建立大宋王朝，北漢岌岌可危。

陛下，為了黎民百姓，我們應當舉國歸宋才是！

那可不行！

陛下對我有知遇之恩，我必須誓死保護北漢！

宋太祖登基不久就病死了，他的弟弟趙匡義即位，史稱宋太宗。

宋太宗

公元979年，宋太宗帶領大軍攻打北漢，把北漢的京城太原重重包圍。

太原

我北漢願歸降大宋。

我們已經投降了，將軍請別抵抗了。

早知今日，何必當初？

劉繼業降宋後，又改回本姓「楊」，易名楊業。

朕命你與潘美將軍共同防禦契丹人。

臣遵旨！

臣領旨！

潘美

楊業來了，我就輕鬆多了。

楊業不負宋太宗所望，穩守邊關。

公元980年，契丹的十萬兵馬進犯雁門關。

楊業出奇制勝，繞到敵人背後突襲，大敗敵軍，並活捉了一名契丹大將。

快跑啊！楊無敵來了！

我的媽呀！是「楊無敵」的大旗。

自此，敵軍一見「楊」字大旗，便嚇得心驚膽戰，陣腳自亂，還稱楊業為「楊無敵」。

一個降將，逞什麼威風？

功勞都讓他搶去了。

我們上奏摺彈劾他！

楊業居功自傲，居心叵測。

住口！朕用人不疑！

遼國動盪，收復燕雲十六州的機會到了！

公元982年，遼朝君主遼景宗耶律賢病逝，他的兒遼聖宗耶律隆緒即位時年僅十二歲，朝政由蕭太后執掌

公元986年，宋太宗派三支大軍攻遼。

西路由潘美任主將，楊業為副將，進攻山西西北部各地。

楊業和他的部下英勇善戰，很快便收復了山西西北部的大片失地。

報！大事不好，東路軍大敗。

什麼？速速傳令，三路大軍火速撤兵。

寰、朔、應、雲四州的老百姓遷往內地，命潘美、楊業護送撤退。

這時寰州等地已經被遼軍佔領，要遷移那些地方的百姓，實在不易。

領旨！

臣領旨！

我軍先佯攻應州，引誘敵軍來迎戰，利用這個機會，讓四州百姓南遷。我們派軍隊在中途接應即可。

我們有幾萬精兵，你為什麼這樣膽小？

這本是一個非常好的主意。可是，在潘美軍中做監軍的王佚（粵音身）卻不同意。

王佚

如果正面交鋒，我們必然會被遼軍四面包圍，到時我們必敗無疑！

83

將軍一向號稱「楊無敵」，如今看到敵軍，竟然連大路都不敢走了？

我並不怕死，只是不想讓將士白白送死。你是監軍，我領兵上陣就是了。

如果楊業得勝，首功自然是我的；如果楊業戰敗或者戰死，也算除掉了我的心頭大患。

楊業和王侁爭論時，潘美明知這樣用兵幾乎沒有勝算，可是他一向妒忌楊業的才能，所以一直默不作聲。

這次出兵，凶多吉少。你們必須在陳家谷準備好弓箭手，否則，這些出征的將士就真的回不來了。

就依將軍！

楊業就這樣滿懷悲憤地帶領兒子楊延玉和部下王貴，直奔朔州前線。

遼軍看到楊業領兵前來，集中各路軍馬把宋軍團團圍住。一輪苦戰之後，宋軍只剩下一百多人。

當楊業一行退到陳家谷時，才發現潘美的軍隊早已逃跑了。

楊延玉、王貴和其他將士戰死沙場。

85

楊業因為失血過多昏倒，被遼兵抓住了。

楊業被俘後，堅貞不屈，絕食三天，後因傷勢過重又拒絕醫治而死。

楊業有七個兒子，最有名的是楊延昭，曾鎮守邊關二十多年。楊延昭的兒子楊文廣也曾在西北一帶鎮守邊境。

楊延昭

楊文廣

楊家將祖孫三代英勇抗遼，人們非常懷念和敬重這些英雄，在小說、戲曲中添加了許多有關楊家將的虛構事跡，更塑造了楊門女將的經典傳奇，傳頌至今。

— 楊家將的故事完 —

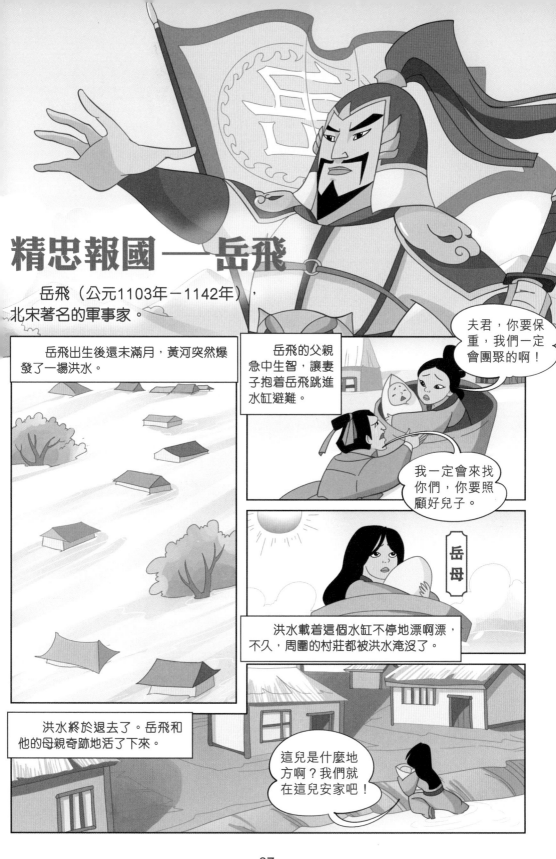

精忠報國──岳飛

岳飛（公元1103年－1142年），北宋著名的軍事家。

岳飛出生後還未滿月，黃河突然爆發了一場洪水。

岳飛的父親急中生智，讓妻子抱着岳飛跳進水缸避難。

夫君，你要保重，我們一定會團聚的啊！

我一定會來找你們，你要照顧好兒子。

岳母

洪水載着這個水缸不停地漂啊漂，不久，周圍的村莊都被洪水淹沒了。

洪水終於退去了。岳飛和他的母親奇跡地活了下來。

這兒是什麼地方啊？我們就在這兒安家吧！

多年後……

如今國難當頭,你有什麼打算?

到前線殺敵,精忠報國!

「精忠報國」正是岳母對兒子的期望。岳母把這四個字刺在兒子的背上,讓他永遠記住這個誓言。

北宋末年,岳飛和抗金名將宗澤、韓世忠等並肩站在抗金前線。

皇帝寶座還真舒服。

趙構

公元1127年,徽宗趙佶、欽宗趙桓被金軍擄走後,即位的南宋皇帝趙構是主降派。

趙構偏安於江南一帶，沉醉於歌舞逸樂之中。

他一面利用秦檜等主降派，通過議和向金朝示好投誠。

另一面利用岳飛等主戰派積累求和的本錢，以保住他的皇帝寶座。

你們只知道打打殺殺，就不懂得運用謀略嗎？

議和等於投降！

秦檜

岳飛堅決反對議和，對趙構、秦檜投降議和的主張據理力爭。

金人不可信，秦檜不可信，望萬歲三思！

岳飛敢說我用心不良，我一定要殺了他！

公元1139年，岳飛在鄂州聽說宋金和議即將成真，立即上書反對。

大赦天下！文武百官連升三級！

這樣議和只會讓國家更危險。

議和成功後，趙構開始得意忘形。

岳飛連續三次拒絕一品官爵的封賞。

我願繼續與金人作戰，徹底收復失地。

岳飛這是擁兵自重。

岳飛太不給我面子了！

不久，金國主戰將領兀朮撕毀和約，再度發動大規模的對宋戰爭。

岳飛領兵迎戰，他一直期待收復中原的時機終於到了。

岳家軍進入中原後，受到中原百姓熱烈歡迎。

91

岳飛親自上陣，率領將士向敵陣突擊，大破金軍的「鐵浮屠」和「拐子馬」，大敗兀朮陣營。

直搗黃龍府！

撼山易，撼岳家軍難！

南宋的抗金戰爭有了翻天覆地的轉機，淪陷十多年的中原有望收復。

十年之功，廢於一旦！

不能讓岳飛進軍了，否則以後誰當皇上就說不定了。

趙構聽信讒言，連下十二道金牌，急令岳飛班師回朝。

92

君命難違。

你們不能走啊！

岳飛一回到臨安，就被秦檜等人誣告「謀反」，被關進了大理寺。

監察御史親自拷打、逼問岳飛。

大理寺

我早就看岳飛不順眼了，殺了他！

兀朮説殺了岳飛才肯和談。

與此同時，宋、金兩國再度議和。

天日昭昭

天日昭昭

岳飛遇害後，臨安獄卒隗順偷偷地將岳飛的遺體埋葬於九曲叢祠旁。

公元1142年的除夕夜，岳飛被趙構以「莫須有」的罪名殺害，年僅三十八歲。

為了便於以後識別，隗順在墳前種了兩棵橘子樹。

清朝道光年間，因重修岳飛廟，人們終於在杭州眾安橋螺絲山下找到了最初的岳墳。1876年，人們在這裏修建了忠顯廟，俗稱「老岳廟」。

岳飛死後的第二十年，宋孝宗即位，他下令為岳飛平反昭雪，並追復原有官職。

94

— 岳飛的故事完 —

浩氣長存——文天祥

鯉躍龍門

金榜題名

過零丁洋　正氣歌　文山樂府　文山先生全集

文天祥（公元1236年－1283年），南宋末期傑出的政治家、詩人，與陸秀夫、張世傑並稱為宋末三傑。

文天祥在十九歲時獲鄉校考試第一名。在殿試中，他的文章切中時弊，獲宋理宗欽點為第一名。

宋理宗

這份考卷有古代賢人之風，其忠義之心肯定如鐵石一般堅定不移。

果然是不可多得的人才！

考官 王應麟

公元1258年，蒙古兵分兩路攻宋，蒙哥率西路軍進攻四川，忽必烈率東路軍圍困鄂州。

消息傳到京城臨安，朝野上下極為震驚。

請陛下遷都四明吧，那裏更便於出逃海外。

那兒安全嗎？

住口，陛下是大宋的皇帝，豈能棄天下不顧！

宋朝必須稱臣納貢，方可議和。

自然稱臣，自然稱臣。

忽必烈

賈似道

文天祥

後來忽必烈想撤兵回草原爭奪汗位，便應當時帶兵迎戰的南宋右丞相賈似道私下求和。

我軍諸路大捷！

文天祥卻因得罪賈似道而遭罷免。

賈似道轉而謊報軍情，被加封衞國公，獨攬大權。

96

忽必烈即位後，改國號為元，於公元1274年出兵，水陸並進，直取臨安。

消滅大宋，進軍中原！

這下可完了！

南宋政權一片混亂，當時的皇帝宋度宗急火攻心，最終一命嗚呼。

年僅四歲的趙㬎即位為宋恭帝，由祖母謝太皇太后及母親全太后臨朝理政。

我好害怕！

謝太皇太后

傳旨，讓各地起兵勤王，十萬火急！

文天祥立即捐獻家產充當軍費，組織義軍三萬，起兵勤王。

正義在我，謀無不立；人多勢眾，自能成功。

我豈會不知！我這樣做就是想號召天下義士保衞國家。

你還要組織義軍？這是羊入虎口，不會有好結果的。

由於元軍攻勢猛烈，義軍孤立無援，最終僅有六人活了下來。

謝太皇太后見蒙古大軍兵臨城下，無奈之下派人到伯顏軍營求和。

快派人去和元丞相伯顏求和。

臣領旨！

伯顏

我只與宋朝丞相級別的官員談判。

右丞相陳宜中怕被元兵扣留，偷偷溜走了。

左丞相留夢炎早就逃到南方去了。

大臣張世傑見朝廷輕率投降，氣得掛冠而去。

謝太皇太后無可奈何，便升了文天祥的官，派他前往。

文天祥臨危受命，來到元軍大營中，雙方唇槍舌劍。

我文天祥忠心為國，何懼刀山火海！

你文天祥若不投降，只怕今日饒不了你。

文天祥就這樣被俘了。

不久，謝太皇太后另派賈慶餘為右丞相，前去元營歸降，但伯顏並沒有善待謝太皇太后和宋恭帝，反而將他們和文天祥一同押往元大都。

途經鎮江時，文天祥趁元兵防備鬆懈，與他的隨從等十二人連夜逃脫。

我是文天祥，快開城門。

誰知道你是不是蒙古人的奸細，不許入城！

到溫州時，文天祥聽說張世傑等人在福州擁立了新皇帝——端宗趙昰（粵音是），就趕到了福州。

在福州，文天祥積極組織力量抗元，接連收復了不少失地。

不久，元軍大舉進攻，宋朝的降將張弘範偷襲了文天祥的部隊，文天祥服毒自盡不果，在昏迷中被俘。

張弘範

只要你給張世傑寫一封勸降信,我就饒你不死。

我不能保護自己的父母,難道還讓別人背叛雙親嗎?

文天祥寫下了《過零丁洋》一詩,張弘範讀後也深受感動。

人生自古誰無死,留取丹心照汗青。

不久,宋軍與元軍在崖山海域展開最後決戰,雙方投入兵力數十萬,戰船千艘,最終宋軍全軍覆沒。

嘩!

寧死不降!

寧死不降!

左丞相陸秀夫眼見突圍無望,於是命家人跳海,自己也背着年幼的少帝趙昺跳海殉國。

宋朝滅亡了,但在最後關頭卻有大量軍民跳海殉國,忠貞氣節可歌可泣。

元軍大擺酒宴慶賀，張弘範再次勸降文天祥。

如果你能忠心效力元朝，蒙古大汗還會任命你當丞相。

為人臣者，即使以身殉國也是戴罪之身，何況叫我投降！

文天祥是忠臣！

陛下，文天祥寧死不降，不如殺了吧！

元世祖忽必烈命令張弘範對文天祥以禮相待，將他送到元大都。

文天祥一路上絕食八天，以示必死決心。

只要你投降，什麼願望我都會滿足你。

我的願望就是以死報國。

忽必烈對文天祥敬佩不已，並不願就這樣殺掉一位忠臣。

時窮節乃見，一一垂丹青。

公元1282年，民間的義士聚集了兵馬數千人，揚言要攻破元大都。

救出文丞相！

攻破元大都！

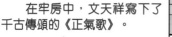

在牢房中，文天祥寫下了千古傳頌的《正氣歌》。

明日處斬文天祥，以絕後患！

文天祥向南方跪拜後，引頸就刑，從容就義，死時年僅四十七歲。

丞相還有什麼話要說？現在歸降還能免死。

我的生命馬上要結束了，雖有遺憾，但無愧於心！

文天祥的妻子在收屍時，在他的衣服中發現一篇文章：「孔子曾說『殺身成仁』，孟子曾說『捨生取義』，惟有盡了道義，才會達致仁德。讀聖賢書，該學該做的是什麼呢？從今以後，我幾乎能做到無愧於己了。」

— 文天祥的故事完 —

文化小錦囊

南宋愛國英雄的詩詞

南宋芸芸愛國英雄中，不少曾以詩詞表達意欲重振國家，憂國憂民的情懷。讓我們來細讀部分膾炙人口的作品吧。

示兒
【宋】陸游

死去元知萬事空，
但悲不見九州同。
王師北定中原日，
家祭無忘告乃翁。

滿江紅·怒髮衝冠
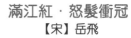
【宋】岳飛

怒髮衝冠，憑欄處，瀟瀟雨歇。抬望眼，仰天長嘯，壯懷激烈。三十功名塵與土，八千里路雲和月。莫等閒，白了少年頭，空悲切。
靖康恥，猶未雪；臣子恨，何時滅！駕長車，踏破賀蘭山缺。壯志飢餐胡虜肉，笑談渴飲匈奴血。待從頭、收拾舊山河，朝天闕。

十一月四日風雨大作（其二）
【宋】陸游

僵臥孤村不自哀，
尚思為國戍輪台。
夜闌臥聽風吹雨，
鐵馬冰河入夢來。

正氣歌
【宋】文天祥

天地有正氣，雜然賦流形：下則為河嶽，上則為日星，
於人曰浩然，沛乎塞蒼冥。皇路當清夷，含和吐明庭；
時窮節乃見，一一垂丹青：

在齊太史簡，在晉董狐筆，在秦張良椎，在漢蘇武節；
為嚴將軍頭，為嵇侍中血，為張睢陽齒，為顏常山舌；
或為遼東帽，清操厲冰雪，或為《出師表》，鬼神泣壯
烈，或為渡江楫，慷慨吞羌羯；或為擊賊笏，逆豎頭破
裂。是氣所旁薄，凜烈萬古存。當其貫日月，生死安足
論。地維賴以立，天柱賴以尊。三綱實係命，道義為之
根。

嗟予遘陽九，隸也實不力。楚囚纓其冠，傳車送窮北。
鼎鑊甘如飴，求之不可得。陰房闐鬼火，春院閟天黑。
牛驥同一皂，雞棲鳳凰食。一朝濛霧露，分作溝中瘠。
如此再寒暑，百沴自辟易。嗟哉沮洳場，為我安樂國！
豈有他繆巧，陰陽不能賊。顧此耿耿在，仰視浮雲白，
悠悠我心悲，蒼天曷有極！哲人日已遠，典刑在夙昔，
風簷展書讀，古道照顏色。

文天祥與三杯雞的故事

三杯雞是江西的傳統名菜，其獨特之處在於：不放湯水，只用一杯甜米酒、一杯豬油、一杯醬油共同煨煮而成，故名「三杯雞」。這道名菜和文天祥有什麼關係呢？

相傳，一位七旬老婆婆曾經提着竹籃，籃內裝着一隻雞和一壺酒，來到關押文天祥的牢獄探望。

在一位獄卒幫助下，老婆婆將雞宰殺後切成塊，找來一個瓦鉢，倒入米酒煮雞。過了一個時辰，雞肉酥爛，香味四溢。老婆婆哭着將雞肉端到文天祥面前。

我上對得起國家，下對得起黎民，此生無憾！

第二天，文天祥視死如歸，英勇就義，這一天是農曆十二月初九。

獄卒回到家鄉江西後，每到文天祥的祭日，必用三杯雞祭奠他，這道菜便漸漸流傳開去。

勇抗倭寇——戚繼光

戚繼光（公元1528年－1588年），是明朝傑出的軍事家。

戚繼光

戚景通

戚繼光出身於將門之家。他出生時，父親戚景通已經五十多歲了。

人之初。

性本善。

戚景通老來得子，對愛兒疼寵有加，經常教導兒子讀書、寫字、習武。

我來做將軍。

虎父無犬子呀！

將門虎子！

幼年的戚繼光常常和其他小朋友演練陣法，由他擔任「指揮官」。

我已辦好世襲手續，你去京城接任我的官職吧！

爹，我想守在你身邊。

公元1544年夏天，戚景通得病。少年戚繼光帶着父親的囑托，踏通往京城的道路。

公元1548年，繼光初次遠征，率士卒駐守薊州（薊：粵音計）。

他一邊戍邊，一邊調查薊州的防務情況，並把自己的見解寫成奏摺上報。

戚繼光志向遠大。他隱姓埋名，參加了山東鄉試，結果中了武舉。

不久，東蒙古韃靼的俺答率大隊人馬繞過大同，直逼北京城下。

俺答

這些都是送給您的，請您繞過大同吧。

多虧戚繼光，我們才能擊退蒙古兵。

他是個人才啊！

由於戚繼光的軍事才華出眾，被人們譽為「國士」、「將才」。

國士

兵臨城下，明朝政府倉促地從民間召集四萬義軍，任命戚繼光為總旗牌官，誓守北京城。

公元1553年，戚繼光奉命抗倭。

臣戚繼光領旨！

朕命你為主備山東防倭軍事的都指揮僉事，專責抵禦倭寇。

戚繼光「封侯非我意，但願海波平」的宏願就要實現了。

不久，倭寇（粵音窩扣）以「五峯船主」王直為賊首，侵犯浙江沿海州縣。

戚繼光被調往浙江抵禦倭寇的前線。

利用倭寇各自為戰的弱點，戚繼光採取各個擊破的策略，捷報連連。

戚繼光追來沒有？

倭寇狼狽不堪，只能翻山越嶺，從小路逃竄。

公元1558年春季，舟山島的西端殺聲驚天，戰火熊熊，震撼人心的岑港之戰在這裏打響了。

多謝將軍！

感謝戚將軍吧！

戰鼓打響後，倭寇居高臨下，據險死守。

戚繼光的部隊經過幾番苦戰，終於打敗了倭寇，解救了數百名百姓。

此後戚繼光繼續徵集舟船，準備兵分水陸兩路追擊倭寇。

看箭！

好厲害，快跑！

戚繼光親率陸路將士，沿江進剿，一路上不斷消滅小批倭寇。

109

不過朝廷卻將岑港倭寇久未平定的責任歸咎於俞大猷和戚繼光等人身上。

為了國家，這些算不了什麼。

那就將他們降職，讓他們戴罪立功吧。

胡宗憲

將軍不必放在心上。

我會監督他們，務必在一個月內蕩平寇匪。

俞大猷

嘉靖帝

報效國家！

驅逐倭寇！

公元1559年，戚繼光向胡宗憲提出了招募士兵、嚴加訓練的建議。

這支新軍很快成為一支紀律嚴明、武藝精湛的勁旅。人們把這支軍隊叫作「戚家軍」。

公元1560年春，戚家軍成為⋯州、金華、嚴州等地防禦的主⋯，浙江的防務大大增強。

有戚家軍在，我們就什麼都不怕了。

殺進城裏發財去呀！

翌年，倭寇又大舉進犯浙江。

戚繼光帶主力與倭寇展開激戰。倭寇被打得落花流水。

以後離戚繼光遠點兒吧！

往哪兒逃啊？

倭寇為患不絕，戚繼光不敢鬆懈，圍剿倭寇。

嘉靖帝死後，隆慶帝即位。朝廷調戚繼光到北方練兵。

戚繼光告別了一手栽培的戚家軍將士，策馬北上。

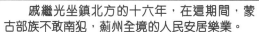

戚繼光坐鎮北方的十六年，在這期間，蒙古部族不敢南犯，薊州全境的人民安居樂業。

戚繼光戍邊多年，戰功卓著。

他幹得不錯。

張居正

命戚繼光馬上到廣東赴任。

臣領旨！

公元1582年，宰相張居正病逝，戚繼光被調到廣東任職。

看以後誰給他撐腰！

戚繼光眼裏只有張居正。

此時，一些政敵趁機彈劾戚繼光。

公元1585年，戚繼光遭到罷免後回鄉。

公元1588年，戚繼光突然病重，最終與世長辭。

戚繼光一生中建立的豐功偉績，將永載於中華民族抵抗外敵的史冊中。

── 戚繼光的故事完 ──

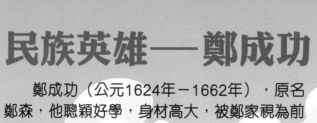

民族英雄——鄭成功

鄭成功（公元1624年－1662年），原名鄭森，他聰穎好學，身材高大，被鄭家視為前途光明的「千里駒」。

鄭成功

鄭成功二十歲那年，明朝將領吳三桂引清軍入關，清軍長驅直下江南，大江南北掀起了聲勢浩大的抗清鬥爭。

吳三桂

愛卿平身。

隆武帝

多謝皇上！

謝皇上！

第二年，鄭成功的父親鄭芝龍等人在福州擁立朱聿鍵為帝，延續明朝的政權。

鄭成功雖然是出生在日本的中日混血兒，但自幼志向遠大，熟讀《孫子兵法》、《春秋》、《左傳》等典籍。

鄭成功

朕要賜你國姓「朱」，望你精忠報國。

謝主隆恩！

隆武帝十分喜歡年輕有為的鄭成功。

爹，你若向清軍投降，對得起福建的黎民百姓嗎？

我還不是為了鄭家這份產業着想！

我不該不聽我兒的勸告。

鄭芝龍

公元1646年，鄭芝龍想投降於清軍，鄭成功用民族大義勸說，但是鄭芝龍執迷不悟。

鄭芝龍親自到清營投降，反而被清軍挾制，被帶到北京軟禁。

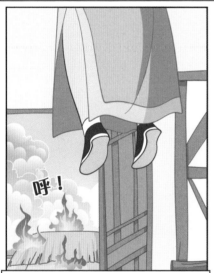

呼！

後來清軍殺到，隆武帝出逃，鄭成功的老家被清軍血洗，母親也自殺了。

哥哥，你如果不降清，爹就性命難保了。

清軍派鄭成功的弟弟帶着鄭芝龍的親筆信來勸鄭成功投降。

忠孝不能兩全，我誓與清軍抗爭到底，只好與爹脫離父子關係。

此後十幾年，鄭成功以金門、廈門為基地，建立政權、招募將士、訓練軍隊。他還奉堅持在廣西、雲南抗清的永曆政權為正統，獲永曆帝封他做延平郡王，百姓多稱呼他為「國姓爺」。

公元1658年，鄭成功帶領十多萬水軍北伐，但不幸遇到颱風，只得暫時退兵。

嘩！

天不助我！

第二年，鄭成功再次北伐，江南各州縣紛紛起義響應，可惜他中了清軍南京守將詐降的奸計，損失慘重，只好退回廈門。

殺進南京城！

南京

在台灣建立抗清的基地……可行！

面對不利局面，鄭成功計劃轉而收復台灣以站穩陣腳。

我們才是無敵的。

你們敢對抗我們的無敵艦隊嗎？

台灣自古便是中國的領土。到了十七世紀，這個寶島不斷遭到西方殖民者與海盜侵略。荷蘭和西班牙殖民者為了爭奪台灣的控制權，在島上展開火拼，最終荷蘭打敗西班牙，佔領整個台灣。

鄭成功對荷蘭殖民者的強盜行徑極為憤慨，暗下決心收復台灣。

將軍，這是台灣的地圖，請您笑納。

真是喜從天降啊！

公元1659年，曾任荷蘭通事的何斌建議鄭成功攻取台灣。

台灣沃野千里，當地黎民百姓飽受荷蘭人的欺壓，將軍一定要把荷蘭人驅逐出去。

跟我來！

公元1661年，鄭成功親自率領二萬五千名將士、數百多艘戰船，浩浩蕩蕩地駛出金門。

我們來支援國姓爺。

幾千名台灣百姓駕着馬車，助鄭成功一行登陸。

揆一

給我打敗鄭成功！

荷蘭的殖民長官揆一慌忙策劃抵抗。

鄭成功的部隊佔據有利地形，切斷了守軍與台灣城的聯繫，並擇地紮營，修築防禦工事。

四艘荷蘭戰船從海上開炮射擊，鄭成功的水師英勇還擊。六十艘懸掛「鄭」字旗號的戰船把荷蘭的船隻重重包圍起來。

鄭成功的水師擊沉了荷蘭的戰船海克托號（Hector）。

赤嵌樓的荷蘭守軍炮轟鄭成功的營盤。

鄭成功率領部隊堅守。

台灣城守將阿爾多普率領殖民軍出擊，但很快便慘敗而回。

殺啊！

鄭軍乘勝圍攻赤嵌樓，並切斷他們的水源與糧食供應，逼迫荷蘭人投降。

揆一提出以每年向鄭成功呈送十萬兩餉銀為條件，請求鄭成功退兵。

我絕不答應！

揆一企圖憑借城堅炮利死守，等待援軍。鄭成功下令攻城，幾十門大炮轟擊了四個小時，台灣城的城牆受到了嚴重的破壞。

1662年1月25日清晨，鄭成功軍隊的二十八門大炮同時開火，在兩個小時內發射了二千五百發炮彈，擊毀多處碉牆，荷蘭殖民軍無處藏身。

揆一走投無路，只好掛出白旗投降。

被荷蘭殖民者侵佔三十八年的台灣終於被鄭成功奪回。

鄭成功親自帶領眾多名官員和將士到各地巡行。

漢族與高山族民眾舉酒相迎。

我進兵台灣是為了從荷蘭人手中收復台灣，不是為了索要錢財。

請將軍收下我們的心意。

高山族首領向鄭成功獻上金、銀、草、土四種禮品。鄭成功只收下土塊和一束草。至今，福建沿海一帶還流傳着「國姓爺」不愛金銀的故事。

1662年，鄭成功積勞成疾，病逝於台灣。他崇高的愛國精神和收復台灣的輝煌戰績將光照千秋。

── 鄭成功的故事完 ──

121

抗清名將——袁崇煥

袁崇煥（公元1584年－1630年）是明朝末年的名將。他十四歲中秀才，二十三歲中舉人，三十五歲中進士。

袁崇煥

金榜

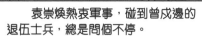

袁崇煥熱衷軍事，碰到曾戍邊的退伍士兵，總是問個不停。

下次再說吧！

袁崇煥

兄台再講講遼東的局勢吧！

每到一處，他總是結合當地的地形地貌，研究如何行兵布陣。

袁崇煥一共進京考了五次進士。在那十多年裏，他大部分時間都在旅途之中度過。

袁崇煥的才能引起了御史侯恂（粵音詢）的注意。

侯恂

袁崇煥是軍事天才，理應破格錄用。

准奏！

明朝政府正在用人之際，於是任命袁崇煥為兵部職方司主事。

袁崇煥到任後一心只想為國家多作貢獻，對於官場的貪腐行徑嗤之以鼻。

自己不貪就算了，還擋了我們的財路。

國家在這些人手上怎麼能變好啊？

這一年，後金軍大舉進攻廣寧。巡撫王化貞竟棄城而逃。

快逃吧，保命要緊！

熊廷弼

廣寧前線只剩下熊廷弼一支孤軍抵禦後金。無奈之下，熊廷弼只得下令退到山海關內。

廣寧失守，朝廷把熊廷弼和巡撫王化貞一起治罪，將他們打入監牢。

魏忠賢

你只要拿出四萬兩銀子，我就保你不死。

我從不貪贓枉法，拿不出錢來買命。

把持朝政的宦官魏忠賢敲榨不到熊廷弼，又氣又惱，便將他處死了。

袁崇煥很快在寧遠築起了三丈二尺高的堅固城牆。

放心吧，袁大人！

城牆一定要建得牢固。

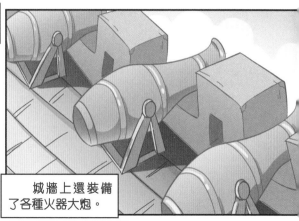

城牆上還裝備了各種火器大炮。

袁崇煥號令嚴明，愛護兵士、百姓，受到了當地軍民的愛戴。

袁大人竟有這樣的氣魄。

真讓人佩服！

此時，孫承宗卻被迫辭去了兵部尚書的職務。

不聽我九千歲魏忠賢的話，就沒有好日子過！

我反對撤兵，不能把遼東送給後金。

高第

明軍抵擋不住後金大軍，全部撤回山海關。

魏忠賢把黨羽高第派去駐守寧遠。

防守寧遠是我的職責，我死也不撤兵。

必須撤兵！

最後，高第勉強答應關寧鐵騎駐守寧遠，其他明軍全部撤到關內。

各地守軍匆忙撤兵，遺下大量儲備軍糧，盡為後金所奪。

後金領袖努爾哈赤見明軍慌忙撤退，於是親自率領十三萬大軍，向寧遠進攻。

寧遠唾手可得。

努爾哈赤

我願與將士們同仇敵愾，誓與寧遠共存亡！

誓與寧遠共存亡！

寧遠此時已是一座孤城，只有一萬多守軍。

將士們紛紛表示願意跟隨袁將軍，死守寧遠城。

126

袁崇煥下令：一、燒毀城外房屋，不留一粒糧食給後金軍。

二、城內官員各司其職，不得玩忽職守。

三、寧遠守軍如有臨陣脫逃者，一律問斬。

後金軍的大隊人馬殺到城下，袁崇煥下令推出紅夷大炮，戰場上頓時炮聲處處，火焰騰空。

砰！

砰！

砰！

後金軍士兵被炸得血肉橫飛，死傷枕藉，倖存的士兵全部敗退。

啊！

砰！

拿下寧遠城，活捉袁崇煥！

努爾哈赤不甘心，第二天他親自督戰，再次對寧遠城發起攻擊。

瞄准努爾哈赤，開炮！

袁崇煥登上城樓瞭望，仔細觀察後金軍的行動，沉着應戰。

袁崇煥命令關寧鐵騎乘勝追擊，殺得後金軍丟盔棄甲。

殺呀！

後金軍傷亡慘重，努爾哈赤也受了重傷，不得不下令撤退。

努爾哈赤又氣又惱，傷勢急劇惡化，沒幾天便死在軍營裏。

怎會有我攻不下的城池！沒想到這小小的寧遠城竟沒能打下來……

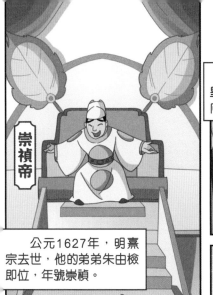

崇禎帝

公元1629年，繼位後金大汗的皇太極率領十萬大軍繞道喜峯口，向北京進攻。

公元1627年，明熹宗去世，他的弟弟朱由檢即位，年號崇禎。

眼看後金兵即將殺到北京城下，袁崇煥日夜兼程，希望親自保衛京城。

怕奸細混入城中，委屈您坐筐上城來吧！

袁崇煥與皇太極相互勾結，後金軍就是他引來的。

袁崇煥馬不停蹄地趕到京城，但城上守軍拒絕開城門。

我是袁崇煥，快開城門讓我進去。

多疑的崇禎對袁崇煥心生懷疑。

公元1630年，一代名將袁崇煥以通敵等罪名被崇禎凌遲處死，同時崇禎也徹底葬送了大明江山。

在袁崇煥死後十數年，崇禎在外憂內患中於煤山自縊，明朝終告滅亡。

—— 袁崇煥的故事完 ——

129

虎門銷煙
——林則徐

林則徐（公元1785年－1850年），清末政治家。

林則徐的父親林賓日是個私塾先生，一家生活很清苦。

林則徐

林賓日

林則徐的母親和姊妹以製作女紅與剪紙等工藝品賺錢補貼家用。

林則徐時常看見父親幫助別人，這些小事對林則徐有着潛移默化的影響。

林則徐四歲開始到他父親的私塾讀書，學習十分刻苦。

你為什麼要讀書？

上不愧對父母，下不辜負前程。

一年春天，父親帶着林則徐和其他學生去附近的鼓山遊玩。

大家以「山」和「海」為題作一副對聯，要求是將兩個字嵌入上下聯中。

九歲的林則徐脫口而出。

海到無邊天作岸，山登絕頂我為峯。

這副對聯成為經典，流傳至今。

林家的書房中很多對聯都是父子二人寫的，經常是父親出上聯，兒子對下聯。

林則徐年少時，有一次在父親的陪伴下參加童試。

子騎父作馬。

主考官見林則徐年紀小，有意考考他。

父望子成龍。

中了，我中進士了。

公元1811年，林則徐中了進士，開始了宦海生涯。

公元1820年起，他先後在浙江、江蘇、湖北、河南、山東等地任職。

林則徐每到一處，都十分注重懲辦當地貪污舞弊，又興辦河湖水利。

十九世紀，英國殖民者走私大批鴉片到中國，引起了嚴重的社會危機。

公元1838年，林則徐上書道光帝。

如果不禁鴉片，數年後，中國將再無士兵可以作戰，再無白銀可當賦稅。

道光帝

朕命你為欽差大臣，即刻赴廣州主持禁煙。

公元1839年1月，林則徐奔赴鴉片流入的源頭──廣州。

同年3月18日，林則徐和鄧廷楨傳訊洋行商人。

鴉片一天沒有根除，我就一天不走，決沒有半途而廢的道理！

在廣大百姓支持下，林則徐共收繳鴉片19,187箱。1839年6月3日，林則徐下令在虎門將鴉片公開銷毀，史稱「虎門銷煙」。

虎門銷煙是清朝禁煙運動的重要一步，突顯了反抗外國侵略的決心。

林則徐十分重視了解外國的情況。

他召集有能之士，翻譯了多本西方著作，以了解外國的歷史和法律。

四洲志

滑達爾各國律例

華事夷言

守土禦敵就靠各位了！

喳！

小人領命！

林則徐又命人翻譯西方大炮瞄準法等軍事技術資料，以供借鑒。

對外商林則徐決定實行嚴格限制，令在華英國政商處處碰壁。

守法者可以來，抗法者驅逐之！

公元1840年6月，英國軍艦封鎖珠江海面，鴉片戰爭正式爆發。

道光帝開始傾向妥協投降政策。

沒問題，沒問題！

必須查辦林則徐才能談判。

琦善

道光帝起用主降派的代表琦善，在滿足了懲辦林則徐的要求後與英國握手言和。

公元1840年，林則徐被指是激起英國開戰的罪魁禍首，遭清廷革去兩廣總督職務。

翌年，林則徐被發配到新疆伊犁。

公元1850年，林則徐被繼位的咸豐帝重新起用，處理太平天國起事，但在赴任途中感染痢疾，不幸去世，舉國哀慟。

— 林則徐的故事完 —

鐵骨錚錚——鄧世昌

鄧世昌（公元1849年－1894年），廣東人，清末傑出的愛國將領、民族英雄。

鄧世昌

1868年，清廷在福州創辦馬尾造船廠和船政學堂。

馬尾造船廠

馬尾船政學堂招收了廣東籍通曉英文的學生共十人，鄧世昌便是其中之一。

我被取錄了。

我們都是福建人。

不要理那個廣東人。

沈葆楨

你是這些學生裏最優秀的。

學生不敢當！

鄧世昌入學後表現優秀，深受船政大臣沈葆楨的青睞和器重。

不過鄧世昌因籍貫差異在學堂中受到排擠。

公元1880年，李鴻章將鄧世昌調至北洋水師。

今後我可以大展宏圖了！

公元1882年，朝鮮政局動亂，朝鮮向清廷求援。鄧世昌帶領的揚威艦比日本軍艦早一日到達仁川。

日艦竟然打旗語叫我們撤離。

打旗語：仁川並非日方領土，日艦必須馬上駛離，如再前進，我艦決不姑息！

我們還會回來的！

日方見雙方軍艦戰力懸殊，不敢輕啟戰端，最終撤走了。

此事過後，北洋海軍在閱兵時，一些外國海軍人員特意前來觀摩。

准奏！

李鴻章

萬歲，鄧世昌訓練水師得力，而且忠心耿耿，膽識過人，請陛下賞其「葛爾薩巴圖魯」的勇名。

人誰無死，但願死得其所！

公元1887年春，鄧世昌等人率隊前赴英國及德國接收清政府訂造的致遠、靖遠、經遠、來遠四艘巡洋艦，清政府與日本的矛盾亦逐漸升溫。因接艦有功，鄧世昌被任命為致遠艦的管帶（即海軍艦長）。翌年，鄧世昌被加封提督銜。

我國在此通知貴國，為保護朝鮮僑民，將會派兵駐漢城。

公元1894年，朝鮮爆發東學黨起義，日軍以保護僑民為借口派兵進駐漢城。

李鴻章

日本對朝鮮蓄謀已久，無非就是找借口罷了。

同年9月17日，北洋水師護送四千餘名清兵入朝，返航時在大東溝遭遇日軍襲擊，北洋水師倉促應戰，黃海海戰爆發。

快開炮！快開炮！

乓！！

劉步蟾

定遠艦的管帶劉步蟾在敵艦末進入射程範圍時，便倉促下令進擊。

瞄准定遠艦，開炮！

日軍一開炮，便得到意想不到的效果，炮彈將定遠艦的瞭望台打壞，在瞭望台上督戰的丁汝昌身受重傷。

日艦艇趁機組成了包圍陣型。

鄧世昌指揮致遠艦，他抱定以死報國的決心，奮力進攻。

日本的指揮艦艇是吉野號，擊沉吉野號。

致遠艦勇猛衝鋒，開放船首、船尾的十二順大炮，先後共發射百餘枚炮彈。

嘩！

嘩！

致遠艦孤軍深入，被四艘日艦圍攻。致遠艦多處中彈，船身傾斜，情況十分危急。

我輩從軍報國，早置生死於度外。今天，就是我們報效國家的時候了！

鄧世昌下令以最快的速度向吉野號衝去。

日軍發現了致遠艦試圖同歸於盡，便集中火力轟炸致遠艦。最終，致遠艦在炮火下沉沒了。

管帶，快抓住！

我與致遠號共存亡，決不獨生！

鄧世昌與艦上二百多名官兵一同殉國，年僅四十五歲。

光緒帝賜予鄧世昌「壯節公」諡號，追封「太子少保」。

光緒帝

鄧世昌功不可沒！

清廷賜予鄧世昌的母親一塊用1.5公斤黃金製成的「教子有方」大匾。1996年，中國人民解放軍海軍命名新式遠洋綜合訓練艦為「世昌艦」，以示紀念。

── 鄧世昌的故事完 ──